AF503147

A, B, C.
INSTRUCTIF,
POUR APPRENDRE

AUX ENFANS,

LES ÉLEMENS DE LA LAN-
GUE FRANCOISE.

Corrigé et augmenté par un Ami des
Enfans

NEUVIEME ÉDITION.

à AMSTERDAM,
Chez J. R. POSTER.
1812.

Bonjour, mon petit ami.

Venez vous asseoir auprès de moi.

Nous lirons ensemble dans ce joli livre.

Il a été fait exprès pour amuser et instruire les enfans.

Vous trouverez dans ce livre plusieurs choses qui vous feront plaisir.

Mais il faut vous donner la peine d'apprendre à lire coulamment.

Car c'est un grand plaisir de savoir lire tout seul.

On peut alors lire toutes les belles choses qui se trouvent dans les bons livres.

Je vais d'abord vous faire lire des phrases familières.

Après cela nous apprendrons les noms de plusieurs choses, dont on a besoin dans la vie.

Ensuite nous lirons ensemble de jolies Historiettes.

Et puis nous apprendrons plusieurs choses qu'il est utile de savoir.

Allons, commençons, nous allons bien nous amuser.

I.

I.

PHRASES FAMILIÈRES.

1. *De la langue Françoise.*

Apprendre la langue françoise. Apprenons la langue françoise. Il est fort utile d'apprendre le françois. Tout le monde parle françois à préfent. C'est une des plus belles langues. Il faut être diligent en apprenant une langue. Le plus diligent apprendra le mieux. Je ferai donc toujours diligent. Je ferai tout ce que mon maître me dira. J'apprendrai diligemment mes leçons. Nous commencerons bientôt à parler françois. Celui qui veut parler une langue doit apprendre beaucoup de mots. Apprenons donc diligemment.

2. *De la température de l'air et des Saiſons.*

Quel tems fait-il aujourd'hui? Il fait beau tems. Il fait fort beau tems. Il fait mauvais tems. Il fait froid. Il fait bien froid. Il fait bien chaud. Il pleut. Il grêle. Il neige. Il tonne. Il fait des éclairs. Le vent est changé, nous aurons de la pluie.

A 2

Le

Le tems s'adoucit. Il fait du vent. Il fait grand vent. Il gèle. Il dégèle. Il ne fait pas fi froid aujourd'hui qu'hier. Il fait plus froid aujourd'hui qu'hier. Il fait encore bien froid. Il fit hier fort froid Il fit plus froid l'année paffée. Voici un hiver bien froid. Nous n'avons point eu d'hiver. L'hiver est paffé. Nous eûmes un rude hiver il y a deux ans. Vous fouvient il du grand hiver? Je n'ai jamais vû un hiver auffi froid. Ah le beau jour! Allons nous promener. Il fait beau à la campagne et les jours font bien longs. Le tems est fort doux. L'air est bien tempéré. Nous n'avons point eu de printems. Ah qu'il fait chaud! Il fait fort chaud aujourd'hui. Il fait une chaleur excesfive. Je ne faurois endurer la chaleur. Je meurs de chaud Nous avons un été bien chaud. L'air est rafraichi. Je ne faurois rien faire durant la chaleur. La fraicheur vient. Il fait une chaleur étouffante.

3 *Du Tems.*

Ayez la bonté de me dire quelle heure il est. Ne favez vous pas quelle heure il

est

est? Quelle heure est-il? Il est midi. Il est minuit. Voilà une heure et demi qui sonne. Il est trois heures et un quart. Il s'en va cinq heures. Six heures vont sonner. Sept heures sonneront dans un moment. L'aiguille est sur huit heures. Il n'est pas loin de neuf heures. Il est dix heures moins un quart. Pardonnez moi, il n'est pas encore neuf heures et demi. Ecoutez, voilà qu'il sonne onze heures. Est-il déja si tard? Il est encore de bonne heure. Quelle est l'heure qui sonne? Je ne le sais pas au juste. Il est huit heures moins quelques minutes. Votre montre est-elle juste? Je crois qu'oui; car je l'ai reglée ce matin au soleil. Votre montre retarde et la mienne avance. Votre montre ne va pas bien. Elle est détraquée. Il faut l'envoyer chez l'horloger.

4. *Positions du Corps.*

Donnez moi la main. La main droite. La main gauche. Asseyez vous. Venez ici, auprès de moi. Couvrez vous. Mettez votre chapeau. Retirez vous. Fermez la porte. Ouvrez la fenêtre. Allez me chercher

ce

ce livre. Donnez moi ce chapeau. Arretez vous! Sortez! Entrez Demeurez là Approchez vous de moi. Ne bougez pas de là, Allez vous en Reculez un peu. Venez çà Attendez un peu. N'allez pas fi vîte. Ouvrez la porte Fermez la. Parlez haut Parlez plus haut. Parlez bas. Parlez plus bas. Répondez moi Que ne répondez vous ? Demeurez en repos. Ne faites pas du bruit. Approchez - vous du feu. Ne vous brûlez pas Prenez garde de vous brûler. Que ne vous dépêchez vous ? Que ne m'aidez - vous ?

5 De l'écriture.

Apportez une plume , de l'encre et du papier Taillez cette plume. Savez vous tailler les plumes ? Pas trop bien. Cette plume n'est pas bonne. Elle est trop grosse. Elle est trop menue. Essayez s'il vous plait , celle ci. Elle est meilleure; mais elle est un peu trop fendue N'est elle pas un peu trop dure ? Non, elle est fort bonne à ma main Vous avez la main un peu pesante. Vous appuyez un peu trop fur la plume. Cette encre est bien épaisse.

Elle

Elle est bien pâle. Apportez-en d'autre.
Ce papier boit. Où avez-vous acheté ce
papier? Il n'est pas bon. Il perce. Donnez
moi une feuille de papier. Ce papier
est fort bon. En avez-vous encore beaucoup? Je n'en ai que cinq ou six mains.
Achetez en encore quelques rames. Faites apporter de la lumière. Allumez une
bougie. Mouchez la chandelle. Où font
les mouchettes? Soufflez la chandelle.
Eteignez cette bougie.

6. Du manger.

Il est tems de diner. Laissez-là votre ouvrage!
Avez vous de l'appétit? Oui, car je suis encore à jeûn. Mettez-vous à table. Asseyez
vous. Mettez votre serviette. Où est votre couteau, votre fourchette et votre cuil-
lière? Priez. Les viandes se refroidissent.
Mangez de la soupe. Voulez-vous du veau,
ou du mouton? Voulez-vous du gras ou
du maigre? Aimez-vous le gras? voulez-vous de cela? Aimez vous de la sauce?
Mangez du pain avec votre viande. Avez-
vous bu? Demandez à boire. Prenez du
sel avec la pointe du couteau. Ne vous

A 4

pen-

penchez pas sur votre assiette. Vous ne mangez ni ne buvez. Cherchez votre appétit. Cela reveille l'appétit. En mangeant l'appétit vient. Coupez cela en long , par le milieu, en travers. Préfentez de cela sur une assiette. Tranchez ce chapon.

II.

DIALOGUE.

1. *Complimens.*

Bonjour, Monsieur? Votre serviteur, Monsieur. Je suis le vôtre. Comment-vous portez-vous? A votre service. J'ai bien de la joye de vous voir. Je vous remercie très-humblement. Comment se porte Monsieur votre père? il se porte bien. Madame votre Mère? Elle ne se porte pas bien. Où sont-ils? A la campagne. En ville. Au logis. Il est sorti. Elle est sortie. Connoissez-vous Mr. N.? Je le connois bien. Je ne le connois pas. J'ai l'honneur de le connoître, je n'ai pas l'honneur de le connoître. Connoissez-vous Madame N.? Je la con-

connois de vue. Quand avez vous vu Mademoiselle N.? Je la vis hier. Il y a longtems. D'où venez-vous? Je viens de l'Eglise. De la ville. De l'hotel de ville. Du jardin. De la campagne. De la poste. Quelle nouvelle? Je n'en ai point. Où allez-vous? Je vais au logis. Ici près voir un ami. Faites mes Complimens à vos chers parens. Je n'y manquerai pas; Adieu.

2. *Du parler François.*

A. Parlez-vous François, Monfieur? B. Pas beaucoup, Monfieur : je ne fais que quelques mots. A Récitez les moi, s'il vous plait. B. La tête, les cheveux, le vifage, le front, le nez, les yeux, les joues; la bouche; les dents, la langue, les oreilles; les lèvres; le menton, le cou les épaules, les bras, la main, les doigts. la peau, la jambe, le pied, les ongles A. Est-ce tout ce que vous favez? B Vous me pardonnerez, Mr, je fais encore nommer le foleil, le jour; la lune, la nuit; la ville; la maifon; un bœuf, une brebis; un cochon; un chat, un chien, une fouris, une vache, un lièvre, un renard, une abeille, une chenille. A. Combien y a t-il que vous apprenez? B. Il n'y pas long-tems, il y a un mois. A. Allez-vous tous les jours à l'école? B. Oui, Monsieur, j'y vais le Lundi, le Mardi, le Mécredi le Jeudi, le Vendredi et le Samedi; mais le Dimanche je reste à la maison. A. A quelle heure y allez-vous? B. A sept heures du matin. A. C'est une bonne heure. Prenez courage, vous apprendrez bien. B. Vous m'encouragez. A. On n'a rien sans peine, mais si vous vous appliquez, vous apprendrez bien le françois. B. Adieu, Monsieur, portez-vous bien!

3. *Du Coucher.*

A. Il est fort tard, il est tems de se coucher. B. Vous vous couchez de bonne heure. A. Je suis fort assoupi. Mon lit est-il fait? B. Oui, mais il est mal fait. A. Remuez-le un peu. Donnez moi mon bonnet de nuit et m'aidez à ôter mon habit. B. Je veux mettre vos hardes en ordre, afin que vous puissiez les retrouver demain. A. Eteignez la chandelle. B. Je l'é.

l'éteindrai. A. Appellez-moi demain de bo matin; il faut que je me lève à la pointe du jour. Avez-vous apporté le briquet? B. Oui, mais le fuſil ne vaut rien. A J'en ai un meilleur. Allez-vous en à votre chambre. B. Je vous ſouhaite un bon repos, Monſieur. A. Bonne nuit.

4. *Du Lever.*

A. Quoi! vous etes encore au lit? B. Comme vous voyez. A. N'avez-vous point de honte? B. De quoi? A. D'être ſi pareſſeux. B. Vous aimez, je crois, à vous lever de bon matin? A. Je ſuis le proverbe, qui dit: *l'Aurore est Amie des Muſes.* B. Vous faites fort bien. A. Levez-vous donc, Je vous en prie. B. J'ai la tête encore bien peſante. A. Cela ſe paſſera quand vous ſerez debout. Allons, allons, il est déja tard. B. Quelle heure est-il? A. Il est huit heures, huit heures et un quart, huit heures et demi, huit heures et trois quarts. B. Je vais me lever A Je vous croyois plus matineux B. Ce n'est pas ma coutume de me lever ſi tard; mais je ne me ſuis couché qu'à une heure après minuit.

A. Oſeroit-on vous demander à quoi vous vous êtes occupé? B. à étudier. A. Je ne m'étonne donc pas, ſi vous ne vous êtes pas levé aujourd'hui de ſi bonne heure qu'à l'ordinaire.

De la Promenade.

A. Vous plait - il que nous allions faire un tour de promenade? B. Très volontiers, Monſieur! Le beautems qu'il fait nous y invite. A. Il eſt vrai, il fait fort beau; mais je crois qu'il fera bientôt mauvais tems. B. Pourquoi? A. Parce que le vent change. Mais de quel côté irons nous? B. Où il vous plaira. A. Je ſerois ravi de voir la ville et ſes déhors. B. La ville n'a rien d'extraordinaire ; mais les déhors ſont asſez jolis. Comment vous plait ce contraste de montagnes et de vallées? A. Cela eſt fort agréable, et mon plus grand plaiſir ſera de me promener quelquefois dans ces charmans lieux.

De l'Habilement.

F. Vous me promîtes l'autre jour de me nommer les habits d'homme. L. Oui,

mon

mon cher François, mais sauras tu aussi montrer du doigt ce que je nomme? F. Eh bien, pourquoi non? L. L'habit, la chemise fine, le jabot et les manchettes, la cravatte, la culotte, les bottes, les souliers et les pantoufles. F. Ah, Monsieur le cordonnier a mes bottes; mais j'irai chercher mes pantoufles. L. Non, François montrez-moi les boucles. F. Voilà les boucles de jarretières et les boucles de souliers. L. Les bas et les jarretières! Les boutons et les boutonnières! Les manches, les poches, les pans, les paremens et les plis! Le gilet et la robe de chambre! F. Elle est sur mon lit, comme aussi mon bonnet de nuit. L. Qu'est ce qu'il nous faut en hiver? F. un manteau, une pelisse, ou un manchon. L. Prends ton chapeau, ta canne et tes gants! F. Vous irez vous promener et vous me menerez avec vous? Que j'en suis aise! L. Allons, mon cher François!

7. *De l'ameublement d'une chambre.*

V. Où avez-vous été, mes fils? G. Nous avons été chez notre maître François. P. Il

nous.

nous a nommé plufieurs chofes en Fran-çois. A Nous favons déja nommer en François tout ce qu'il a dans fa chambre. A. Je voudrois bien le favoir, je n'y ai pas encore été. G Sa chambre a trois fenêtres et fon valet a caffé aujourd'hui un carreau; c'étoit une fort belle glace. A. Il n'y a point de tapifferies; mais de beaux tableaux et une pendule, quatre tables de bois et une table de marbre. P. Le miroir est plus grand que moi, et le lit a des rideaux de foie; fur la cheminée il y a de belles garnitures de plâtre Savez-vous bien ce qu'il y a dans les tiroirs de la table noire? A. Oui, mon frère, je le fais; des clefs, des broffes, des mouchettes. Voilà tout ce que j'ai vu. Il faut donc s'affeoir fur le plancher? G Je vous demande pardon, mon cher père, il y a une douzaine de chaifes à dos, fix tabourets et deux fauteuils. A. Et près de l'armoire il y a un escabeau avec un couffin pour le petit barbet.

**8. *L'oncle et ses trois neveux, Charles.
Guillaume et Auguste. Le jeu d'E-
nigmes.***

N. Eh, bonjour, mon cher Oncle! comment vous portez - vous? Je vous baise les
mains. O. Bonjour, mes chers neveux?
je me porte fort bien, vous aussi? mais,
Guillaume, qu'as tu? tu n'es pas si gai
que tes frères? G. J'ai mal aux dents.
O. Ce ne sera donc rien pour toi, ce que
j'ai dans la poche. Devinez ce que c'est,
j'en ferai présent à celui qui le devinera.
Vous en avez déja mangé souvent. A
Est ce une pomme, une poire, une prune
ou des cerises? O. Non, non, mon cher
Auguste. G. Une noix, un abricot, une
pêche, une figue, des noisettes? O. Non,
Guillaume. C. des raisins, des amandes,
des groseilles, des framboises, des fraises,
des mûres, des myrtilles? G. Non, mes
frères, je le sais, ce sont des marrons ou
un citron. O. Nonplus. G. N'est ce
point de fruit? O. Point du tout. G. De
la canelle, des oranges, des oranges dou-
ces, du raifort, des oignons? O. Fi donc,
pou-

pourquoi pas de l'huile, du vinaigre, du lard et du beurre? A. Des pois verts, une carotte, des fêves, des lentilles, des choux, des raves ou des patattes? O. Croyez-vous que j'aye un jardin fur moi? A. Faut-il le cuire? G. Est ce de la farine, O. Oui, demandez l'un après l'autre. G. Du pain, un petit pâté, une tourte? A. Eh bien, c'est du pain d'épices. O. Non pas, Auguste. C. Des vermicelles ou une omelette? O Charles, une omelette dans ma poche! à quoi penfes-tu? G. Mon cher Oncle, n'est-ce pas du gâteau? C. Un fromage? O. Non non: on le fait de lait, et il fent aussi trop mauvais. A. Un craquelin? O. Voilà ton craquelin! A Je vous remercie. Vive notre Oncle! Partageons, mes frères. G Je te remercie, je n'ofe en manger. C. pauvre Guillaume, fi nous pouvions du moins partager ton mal aux dents G Cela ne fe peut pas, et j'aime mieux être malade tout feul.

III.

DEMANDES ET RÉPONSES.

Que faut-il pour se vêtir? des vêtemens. Que faut-il pour couvrir la tête? un chapeau. Et le cou? une cravatte. Et les jambes? des bas. Et les pieds? des souliers et des boucles. Et pour se peigner? un peigne. Que faut-il pour voir? des yeux. Pour entendre? des oreilles. Pour sentir? un nez. Pour courir? des pieds. Pour saisir une chose? des mains. Pour se désaltérer? de l'eau. Pour couper du pain, un couteau. Pour acheter quelque chose? De l'argent. Pour scier du bois? une scie. Pour le fendre? une hache.

Que faut-il faire pour trouver une chose? la chercher. Pour en apprendre une? l'étudier. Pour en voir une? la regarder. Que faut-il faire lorsqu'on est tombé? se relever. Et pour éviter de se faire mal, prendre garde.

Quels sont les opposés de pauvre? riche. De fortuné? infortuné. De diligent?

paresseux. D'adroit? maladroit. De fou?
sage. De sensé? insensé De fort? foible.
De grand? petit. D'affligé? Gai. De poli?
impoli.

Montrez-moi la main droite! la voici.
Combien de doigts y a-t-il à chaque
main? cinq. Et à toutes les deux? dix.

Combien faut-il qu'il y ait de mains le-
vées, pour montrer vingt doigts? quatre.

D'où tirons nous nos alimens? des animaux et des plantes.

Nommez-moi quelques alimens prove-
nant des animaux! le lait, le beurre, le
fromage; toutes les espèces de chair.

Nommez-moi quelques uns des alimens
que nous tirons des plantes. Le pain,
tous les légumes, comme choux, navets,
carottes, pois, haricots asperges salade
&c. tous les fruits, tels que pommes, poi-
res, cerises, prunes, &c.

D'où tirons-nous nos vêtemens? nous
les tirons également des animaux et des
plantes.

Nommez-moi quelques vêtemens que
nous fournissent les animaux Les habits
de drap, les pelisses, les robes de soie,

de

les chapeaux; que l'on fait de poil de lièvre ou de castor ; les souliers et les
bottes.

Nommez - moi quelques uns des vêtemens
que nous devons aux plantes. Les che-
mises les bas de fil, les manchettes de
mousseline, &c.

VI.

HISTORIETTES.

*D'un Enfant diligent, et d'un Enfant
paresseux.*

Jaques n'avoit que six ans, et déja il
aimoit d'aller à l'école. Dès que sa mère
l'éveilloit il se levoit et couroit se faire
laver et peigner. à l'école il se tenoit
tranquille à sa place, et il écoutoit atten-
tivement ce que disoit le maître. Quand
on lui faisoit une question, il répondoit
modestement, à voix haute, et en regardant
le maître.

Aussi le précepteur se plaisoit-il à instruire Jaques, qui étoit généralement aimé.

mé de tous les autres enfans, et qui, de plus, apprit à bien lire en peu de tems.

Jean, au contraire, pleuroit toujours quand il devoit aller à l'école. Communement il venoit trop tard, et manquoit à faire la prière du matin avec les autres enfans. Lorsqu'on lifoit, aulieu de faire attention, il s'amufoit à bâiller ou bien à caufer avec d'autres, et à leur faire des niches. Lorsque le précepteur racontoit quelque chofe, jamais il n'écoutoit.

Jean ne plaifoit point à fes camarades, et il refta un ignorant toute fa vie.

D'un enfant docile.

Le petit Charles fe plaignit un jour à fon maître, de la peine qu'il avoit à comprendre et à retenir ce qu'il lui enfeignoit, et lui dit, qu'il craignoit de refter ignorant.

Ne te décourage pas, lui répondit le maître, fais feulement bien attention à tout ce que je t'enfeigne, et interroge-moi fur tout ce que tu n'as pas bien compris. Réfléchis à tout ce que tu lis, et ne quitte pas un endroit obfcur, que tu ne

l'ayl'ayes bien compris; et tu verras quels progrès tu feras en peu de tems.

Charles suivit ce conseil, s'apperçut qu'il augmentoit son savoir, et qu'il n'avoit plus tant de peine à comprendre ce qu'on lui enseignoit. A la fin il surpassa tous ses camarades qui, bien que doués d'une plus grande capicité que lui, étoient inattentifs et légers.

D'un enfant qui aimoit la propreté.

– Jeannette donnoit une grande attention à ne point sâlir ses habits. Elle mettoit tous les soirs, avant de se coucher, ses bas, sa jupe et son corset à la même place. Lorsqu'elle mangeoit, elle ne prenoit que de petites bouchées, pour ne pas se faire des taches. En marchant dans la rue, elle évitoit soigneusement la boue et la saleté, et cherchoit les endroits les plus propres. Il n'y avoit point de tache dans ses livres, et elle se lavoit toujours proprement les mains et le visage.

Aussi tous les autres enfans chérisfoient Jeannette, et aimoient de l'avoir à côté d'eux.

D'un

D'un enfant imprudent.

Un jour que les parens de *Henriette* étoient absens, elle dina seule. Après s'être rasfasiée, elle voulut regarder par la fenêtre, et pour cet effet elle grimpa sur une chaife Elle eut l'imprudence de garder la fourchette à la main, et ayant fait un faux pas, elle tomba de la chaife. Cette chûte fut fi malheureufe, qu'elle fe donna de la fourchette dans l'œil droit, & qu'elle en eut la prunelle percée. Henriette fouffrit de grandes douleurs, et resta borgne toute fa vie.

C'est, pour éviter de pareils malheurs, que les parens défendent à leurs enfans de tenir des fourchettes, des couteaux, ou d'autres inftrumens pointus et tranchans à la main quand ils jouent.

Effet de la tromperie.

Louis avoit un jour fait la folie de dérober le canif à fon père Il l'avoit vendu trois fous à un de fes camarades d'école, et il avoit employé cet argent à acheter des cerifes qu'il mangea de bon appétit.

Mais

Mais ce petit plaifir qui n'avoit duré qu'un quart d'heure, fut fuivi de remords et de peines qui durerent fort longtems. Le vol de Louis ne tarda pas à être dé-couvert. Le père de fon camarade, ayant vu le canif entre les mains de fon fils, et ayant appris qu'il l'avoit acheté, envoya fur le champ le canif au père de Louis, et lui fit demander, s'il l'avoit donné à fon fils pour le vendre.

On juge bien que Louis fut févèrement châtié Mais ce ne fut encore rien. Tous ceux qui demeuroient avec lui dans la, mê-me maifon, fe défièrent de lui. Lorsqu'u-ne chofe venoit à manquer dans la mai-fon, on difoit: c'est certainement encore un tour de Louis Alors on fouilloit dans fes poches, dans fon armoire. et l'on s'in-formoit à l'école, s'il n'y avoit rien mon-tré de fuspect.

Il en eut beaucoup de chagrin. Il pleu-roit fouvent amèrement et difoit qu'on lui faifoit tort; mais on continuoit à fe dé-fier de lui. Ce ne fut qu'après quelques années, et après qu'il eut donné affez de

preu-

preuves de fon repentir, qu'on lui rendit
la confiance qu'il avoit perdue.

*De deux enfans pleins d'amour pour
leurs parens.*

Le père de *Charlotte* et de *Louife* tomba
un jour malade Ces pauvres enfans en
resfentirent la plus vive douleur.

Ils ne quittoient point fon lit, et lorsqu'il défiroit quelque chofe, ils couroient
le lui porter avec les plus tendres foins.

Plufieurs fois dans la journée, ils fe jet-
toient à genoux et en repandant des larmes ils prioient Dieu de rendre la fanté à
leur père. Enfin le bon Dieu exauça leurs
ardentes fupplications Il leur rendit leur
père chéri, qui fe rétablit de cette dange-
reufe maladie. Alors ce père put employer
de nouveau tous fes foins à l'éducation
de ces bons enfans, qui en profiterent, et
furent heureux tout le tems de leur vie.

De deux garçons.

Un jour deux garçons allerent fe promener dans un jardin. Le jardinier les
aver-

avertit de ne pas trop approcher des ruches, de peur que les abeilles ne vinsſent
les piquer.

Jamais abeille ne m'a piqué, dit l'un de
ces garçons, en pourſuivant ſon chemin
droit vers les ruches. A peine eut-il pro-
féré ces paroles, qu'il reçut une piquure,
qui lui cauſa des douleur violentes.

Cet accident le rendit aviſé; l'autre l'é-
toit devenu par le conſeil d'autrui. Lequel
des deux nommerez-vous le plus ſage.

D'un ours en colère.

Un ours devint ſi furieux de la piquure
que lui avoit fait une abeille, qu'il alla
droit aux ruches et les renverſa toutes.
Mais quel fut l'effet de cette aveugle colère? Toutes les abeilles irritées tombé-
rent ſur lui, et lui firent tant de piquures,
qu'il y penſa perdre la vie.

Voilà ce qui arrive à presque tous ceux,
que la moindre offenſe met beaucoup en
colère, et anime d'un déſir aveugle de ſe
venger.

Du grand Louis

Ne fuis-je pas bien grand? s'écria *Louis*, du haut d'une échelle. Son frère lui cria: Tu es un grand fou; car fi l'échelon fe caffe, te voilà par terre. Cela arriva, comme le frère l'avoit dit. Louis tomba de l'échelle et s'écorcha tout le vifage.

La bienfaifance récompenfée.

Un garçon, nommé *Boncœur*, vit un homme, qui avoit l'air très indigent et affamé. Il en eut compaffion, et lui donna tout fon déjeuner, priant fes compagnons de lui faire encore part du leur. Quelque tems après fon frère et lui fe mirent, à l'infu de leurs parens dans un bateau, qu'ils trouvèrent attaché au bord d'une rivière rapide. Ils s'y trémousfèrent tant, que la nacelle fe renverfa. L'homme au déjeuner vit fe malheur, et courut aider ces enfans. Il étoit à portée de choifir celui des deux qu'il préféroit de fauver. Mais fon petit bienfaiteur ayant frappé fes yeux, ce fut lui qu'il faifit le premier. En attendant la rivière avoit emporté l'autre trop loin, et ce galant homme ne put fau-

fauver la vie à cet enfant, quoiqu'il fît tous fes efforts pour en venir à bout.

Ce font de ces chofes qui arrivent fouvent. Car la bienfaifance nous procure plus, que toute autre chofe, l'amitié et la bienveillance de ceux que nous asfiftons dans leurs befoins, ausfi nous fait elle gagner le cœur de tous les autres hommes.

Effet de la complaifance.

Le petit Charles étant un jour asfis devant la porte de fa maifon, les yeux rouges de pleurs, fon ami Guillaume l'aborda, et lui demanda pourquoi il avoit tant pleuré?

Je fuis, répondit Charles, un enfant bien malheureux Pendant toute la journée je n'ai pas une heure de repos on a toujours quelque chofe à me commander, foit par mon père, foit par ma mère: c'est tantôt mon habit qu'il faut ôter; tantôt mes hardes, ou mon linge qu'il faut ferrer. En vérité cela n'est pas à fupporter.

Si ce n'est que cela, dit Guillaume, il est aifé de remédier à tes maux je vais t'indiquer un moyen qui empêchera presque toujours tes parens de t'ordonner quelque chofe.

Charles témoignant une grande envie de favoir, comment il failloit s'y prendre; Guillaume lui dit: „ tu n'as qu'à faire toujours „ attention à ce que ton père et ta mère „ fouhaitent; et ausfitôt que tu découvriras „ que cela leur fait plaifir, il faut que tu le „ fasses, fans attendre qu'ils te le comman- „ dent. Si, par exemple, tu as remarqué „ qu'ils te voient avec plaifir changer d'ha- „ bit lorsque tu ès rentré au logis; il faut „ que tu ôtes ton habit, ausfitot que tu feras „ entré dans la chambre. Si tu vois à leurs „ yeux qu'ils fouhaitent qu'on leur apporte „ quelque chofe, il faut courir et l'apporter: „ quelquefois même il faut leur demander: „ mon père, ou ma mère, n'avez vous point „ quelqu'ordre à me donner?"

Charles fuivit cet avis, et devint dès lors un enfant très heureux. Aulieu de re-proches continuels, ils reçut des louanges, des baifers, et des prefens; fon ennui fe changea en gaieté, et l'on vit qu'il étoit content de lui et des autres.

His-

Histoire du malheureux Nicolas.

Nicolas étoit un joli garçon; mais il avoit un fâcheux défaut. Lorsque son père, sa mère, ou son précepteur lui defendoient quelque chose: il oublioit tout de suite la défense et agisfoit à sa fantaisie. Outre cela il faifoit *l'entendu*, et prétendoit toujours favoir la raifon, pourquoi on lui defendoit ceci ou cela; quoiqu'il foit fouvent imposfible de faire toujours comprendre ceci aux enfans. Je vais vous conter ce que ce défaut lui attira.

Un jour qu'il devoit aller à l'école, il fe trouva que la nuit il avoit fait une forte gélée. Son père, voyant qu'il s'en alloit, lui cria: Nicolas! Nicolas! mon ami! garde toi bien d'aller aujourd'hui fur la glace. Mais l'ami Nicolas, à fon ordinaire, eut bientôt oublié cet avis.

A peine fut-il arrivé à l'étang, qui n'étoit encore couvert que d'une croûte légère de glace, que, fans fonger à ce que fon père lui avoit dit, il y courut. Cependant celui là l'avoit fuivi de loin, et voyant le danger où il étoit, il lui cria: Nicolas!

B 3   Ni-

Nicolas! ne vas pas t'expofer fur la glace! Le fils entendit ce cri. et répondit · et
pourquoi pas, mon père? Alors, avant que
le père lui en pû dire la raifon, la glace
fe rompit, Nicolas tomba dans l'eau, et fe
noya miférablement.

D'un enfant obéisfant.

Henriette aimoit fort les pommes, et elle
en trouva un jour fous un arbre. Elle les
ramaffa, mais elle n'ofa en manger avant
d'en avoir reçu la permiffion de fes parens.

Son frère furvint, et, ayant envie d'en
manger lui même, il lui dit que ces pommes étoient mûres, et, qu'on pouvoit har-
diment les manger.

Mais Henriette repondit: ,, et quand même
,, elles feroient mûres! Nos parens nous
,, ont défendu de manger à leur infu des
,, fruits tombés des arbres."

Henriette prit donc les pommes. les por-
ta à fa mère, et lui demanda, fi fon frère
et elle pouvoient les manger? Non, lui repondit fa mère; aie toujours foin de m'apporter les fruits tombés, et n'en mange
jamais. Je vais te donner, ainfi qu'à ton
fre-

frère des pommes plus mûres et d'un meilleur goût.

Henriette fut charmée d'avoir ainsi obéi à fes parens, et elle fentit clairement combien il feroit avantageux de fuivre leurs préceptes jusques dans la moindre chofe.

D'un enfant pieux.

Le petit *Gustave* donna, de bonne heure, des marques d'un cœur doux et fenfible à la reconnoiffance.

Un jour fon père lui dit, que nous recevons tous les biens dont nous jouiffons, tout ce que nous mangeons et ce que nous, buvons, nos fens et toute notre exiftence, d'un père célefte, plein de bonté; mais invifible, et qu'en revanche nous devons l'aimer de tout notre cœur.

Gustave demanda d'abord, comment on faifoit pour aimer ce père célefte; quoiqu'on ne pût jamais le voir?

Le père lui repondit, que c'étoit en penfant fouvent à lui, en lui rendant fouvent graces de fes bienfaits, et furtout en tâchant de lui plaire par la piété.

Oferois-je vous prier, mon cher père,

re-

reprit Gustave, de m'expliquer ce que c'est que la piété.

La piété, mon cher Gustave, c'est lorsque nous fongeons bien dans tout ce que nous difons dans ce que nous faifons, ou dans ce qui occupe nos penfées, fi cela peut plaire à Dieu, car c'est ainfi qu'on nomme ce bon père célefte.

Gustave continua de demander: Quest-ce qui plait donc à ce bon père?

Tu lui plairas, fi tu continues toujours à être également docile, complaifant, gai, de bonne humeur, et bien fage; à n'affliger perfonne, et au contraire à caufer autant de joie que tu pourras à tous les hommes.

Là-desfus Gustave fe tût; mais dans la fuite, toute fa conduite montra clairement qu'il avoit retenu ces bons préceptes, qu'il penfoit fouvent à Dieu, et qu'il défiroit vivement de lui plaire.

Il aimoit fort qu'on lui parlât de Dieu; il fe plaifoit à lui exprimer fa gratitude le matin et le foir; foit lorfqu'il avoit eu quelque plaifir; foit lorfqu'il avoit reçu quelque

pié·

préfent; et il évitoit avec foin, de dire ou de faire quelque chofe de repréhenfible. ,, Dieu ,, ne m'a point donné, dit-il un jour, ma ,, bouche et mes mains, pour faire du mal; ,, mais pour en faire un bon ufage." Lorsqu'il avoit eu le malheur de s'oublier, il pleuroit fouvent amèrement, et il demandoit tout de fuite pardon à ceux qu'il avoit affligés.

Il faifoit tout cela de fon propre motif, fans qu'on eût befoin de l'en avertir, et c'est celà ce qui faifoit le vrai mérite de toutes fes actions.

Il est vrai que Dieu le bénit aussi d'une façon extraordinaire, en lui donnant de la fanté, de l'intelligence et une gaieté inalté-rable. Tous ceux qui le connoisfoient, le chérisfoient, fes camarades le respectoient, parcequ'il fe conduifoit toujours parfaite-ment bien; et fes parens verfoient fouvent des larmes de joie de ce qu'ils avoient un fi bon enfant. Nous pouvons être tranquil-les, difoient-ils; fur le fort de Gustave, quand même la mort nous arracheroit aux foins de fon éducation. Il fera toujours heureux, car il est pieux.

B 5

Les

Les quatre saisons.

Ah! si l'hiver pouvoit durer toujours! disoit François au retour d'une course de traineau, en s'amusant dans le jardin à former des hommes de neige

Son père l'entendit et lui dit: *Mon fils, tu me ferois plaisir d'écrire se souhait sur mes tablettes.* François l'écrivit d'une main tremblante de froid. L'hiver s'écoula et le printems survint. François se promenoit avec son père dans un jardin où fleurissoient des hyacintes, des oreilles d'ours et des narcisses. Il étoit transporté de joye, lorsqu'il en respiroit le parfum, et qu'il en admiroit la fraicheur et l'éclat. *Ce sont les productions du printems!* lui dit son père. *Elles sont brillantes; mais d'une bien courte durée.* Ah! répondit François, *si c'étoit toujours printems! — Voudrois tu bien écrire ce souhait sur mes tablettes?* François l'écrivit en tressaillant de joye.

Le printems fût bientôt remplacé par l'été. *François,* dans un beau jour, alla se promener avec les parens et quelques compagnons de son âge, dans un village voisin. Ils

Ils trouvèrent fur la route tantôt des bleds encore verts, qu'un vent léger faisoit ondoyer, tantôt des prairies émaillées de mille fleurs. Ils voyoient de tous côtés bondir de jeunes agneaux, des poulains pleins de feu faire mille gambades au tour de leurs mères. Ils mangèrent des cerises, des fraises, et d'autres fruits de la faison, et ils passèrent la journée entière à fe divertir dans les champs.

Nest-il pas vrai, François, lui dit fon père, s'en retournant à la ville, *que l'été a aussi fes plaisirs? Ah!* repondit-il, *je voudrois qu'il durât toute l'année!* et, à la prière de fon père, il écrivit encore ce fouhait fur fes tablettes.

Enfin l'automne arriva. Toute la famille alla paffer un jour en vendanges. Il ne faifoit pas tout à fait fi chaud qu'en été: l'air étoit doux et le Ciel ferein, les ceps de vigne étoient chargés de grappes noires ou d'un jaune d'or; les branches des arbres fe courboient fous le poids des plus beaux fruits.

Ce fut un jour de fête pour François,

 qui

qui n'aimoit rien tant que les raisins, les mélons et les figues. Il eut encore le plaisir d'en cueillir lui même.

Ce beau tems lui dit son père, va bientôt passer; l'hiver s'achemine à grands pas vers nous, pour remplacer l'automne. Ah! répondit François, je voudrois bien qu'il restât en chemin, et que l'automne ne nous quittât jamais. —

En serois-tu bien content, François? —

Oh! très content: mon Papa, je vous en reponds. Mais répartit son père, en tirant ses tablettes de sa poche, regarde un peu, ce qui est écrit ici. Lis tout haut! —

„ Ah! si l'hiver pouvoit durer toujours! — Voyons à présent quelques feuilles plus loin. —

„ Si c'étoit toujours le printems! —

Et que trouverons nous sur cette page ci? —

„ Je voudrois que l'été durât toute l'année! Reconnois-tu la main qui a écrit tout cela? —

C'est la mienne. —

Et que viens tu de souhaiter à l'instant même? — Que l'hiver s'arrêtât en chemin et que l'automne ne nous quittât jamais. —

Voilà ce qui est asfez singulier!

En

En hiver, tu souhaitois que l'hiver n'eut point de fin; au printems, que cette saison durât toujours; en été, que l'été, ne discontinuât jamais; en automne, que ce fût toujours automne. Songes-tu bien à ce qui en résulte?

Que toutes les saisons de l'année sont bonnes! — Oui, mon fils, elles sont toutes fécondes en richesses et en plaisirs; et Dieu s'entend bien mieux que nous à gouverner la nature. S'il n'avoit tenu qu'à toi l'hiver dernier, nous n'aurions eu ni printems, ni été, ni automne. Tu aurois couvert la terre d'une neige éternelle, et tu n'aurois jamais eu d'autre plaisir que celui d'aller en traineau et de faire des hommes de neige. De combien d'autres plaisirs n'aurois-tu pas été privé par cet arrangement.

Nous sommes heureux qu'il n'est pas en notre pouvoir de régler le cours de la nature. Tout seroit perdu pour notre bonheur, si nos vœux téméraires étoient exaucés.

IV.

DE L'HOMME.

Le corps de l'homme ſe distingue de celui des autres animaux, en ce qu'il s'élève tout droit. On y distingue la tête, le corps proprement dit, et les membres.

La partie ſupérieure de la tête est couverte de cheveux. Le point le plus élevé de cette partie ſe nomme le ſommet. Aux deux côtés, il y a les tempes et les oreilles Le devant de la tête ſe nomme la face. On y distingue le front, les ſourcils, les yeux avec leurs paupières et leurs ſourcils, le nez, la bouche avec les lèvres, les joues et le menton.

La tête tient au corps par le cou, dont le devant ſe nomme la gorge, et le derrière la nuque.

Le corps ſe divise en deux parties, ſavoir la partie ſupérieure, ou le haut du corps, et la partie inférieure. La première contient les épaules, le dos, les flancs,

la

la poitriñe: dâns la partie inférieure il y a le ventre, les hanches, l'échine.

Les membres du corps font les bras et les jambes. Chaque bras est compofé de trois parties, la main, l'avant bras et le haut du bras. Il y a cinq doigts à chaque main, que l'on nomme le pouce, l'index le doigt du milieu, le doigt annulaire et le petit doigt. Les parties de la jambe font a cuisse, la jambe proprement dite, l'os de la jambe, le gras de la jambe, la cheville du pied, le pied, le talon, et la plante du pied. Les cinq doigts qu'il y a à chaque pied fe nomment des orteils.

Tout mon corps est compofé d'un grand nombre de parties.

Il y en a de dures et de fólides, d'autres font plus molles, et même fluides.

Les parties folides fe nomment: les os, les muscles, les nerfs, les glandes, les veines, les intestins, la peau, les cheveux, les ongles.

Les os de la tête font le crâñe, les mâchoires, les dents: celles-ci font au nombre de trente deux, et fe distinguent en
dents

dents incifives, en dents canines, et en dents mâchelières.

Les os du corps font, la clavicule, l'épine du dos, les côtes, dont il y en a douze de chaque côté, et les os des hanches. Les os des membres font tubiformes, ou creux en dedans comme des canaux.

Les os font liés entr'eux par des cartilages, des tendons, ou des jointures. Au dedans ils font remplis de moëlle.

Les intestins font le cœur, et le poumon, avec la trachée artère, ou le canal de la respiration, et l'œfophage ou le gofier. Dans le bas ventre il y a l'estomac, les boyaux, le foie, la rate, les reins, le méfentère, ou les tripes. La partie inférieure du corps est féparée de la fupérieure par une peau que l'on nomme le diaphragme; et les boyaux font enveloppés d'une autre peau, nommée, l'épiploön ou la coëffe du ventre.

Les parties fluides du corps humain, font: la moëlle, la cervelle, le chyle, le fang, la falive, le fiel, la graisse, la fueur, les larmes, et une partie des excrémens.

La

La moëlle se trouve dans les os, la cervelle dans la tête, le sang dans les veines, la salive dans la bouche et les larmes dans les yeux. Le fiel est amer. La sueur se détache du sang, et sort du corps par les pores de la peau.

Je vis; c'est à dire, que je puis entendre par les oreilles, voir par les yeux, sentir par le nez, goûter par la langue, et éprouver le sentiment du tact dans toutes les parties de mon corps. On nomme cela les cinq sens. Je puis rire et pleurer. Je puis me remuer, marcher, me tenir debout, m'asseoir, me coucher, me baisser et me relever. Je puis aussi parler. J'emploie pour cela le poumon, la trachée-artère, la luette, la langue, les dents, les lèvres et les narines.

L'homme *voit*; les couleurs principales sont: blanc, gris, bleu, jaune, vert, rouge, brun, noir. Il y a des objets brillans et transparens. Les lunettes font mieux voir les objets éloignés, & les microscopes grossissent les petits. L'homme *entend*; le son est fort ou foible, sourd ou éclatant,

per-

perçant ou doux, méfuré, grave ou aigu.
Nous pouvons prononcer les mots des langues, et encore produire des fons d'une
autre espèce; tels font le murmure, le gémisfemen, les foupirs, le fifflement, le chant.
La prononciation est forte, foible, nette,
rauque, douce, rude, claire, confufe précipitée, lente, mâle efféminée. L'écho
est le réfléchisfement d'un fon, qui frappe
contre quelque corps. Le porte-voix augmente l'effet du fon. L'homme *fent*; les
fleurs et la plupar des plantes ont une
odeur agréable. L'homme *goûte* les corps
doux, ou aigres, amers, délicieux ou dégoutans. L'homme *touche* les objets felon
leur differente nature; durs, mous, brûlans, chauds, tièdes, froids, unis, rudes,
plats, pointus, tranchans, et relativement
à leur grosfeur, ils font lourds ou légers.

Mais il y a plus; c'est que je puis penfer; car mon être confifte principalement
en une ame raifonnable.

Je puis me retracer ce que j'ai vu, ou
entendu, ou fenti, ou goûté, ou touché.
Je fais ausfi quelle fenfation les objets
m'ont

m'ont fait éprouver: s'ils étoient agréables ou désagréables à la vue, fi le fon en étoit fort ou foible; s'ils étoient durs ou mous; puans ou de bonne odeur; doux ou amers.

Je puis me retracer l'idée de la lune qui luit, des étoiles qui brillent.

Je fais que le lait est blanc, que le charbon est noir, que le fang est rouge, que le citron est jaune, que les feuilles font vertes, et que le ciel est bleu. Savez vous me nommer encore quelque chofe qui foit bleu ou blanc? &c.

Je connois le fon de la voix de mon père et de ma mère; le chant et le gazouillement des oifeaux; le croaffement des grénouilles car j'ai entendu tout cela

Je fais qu'un miroir est uni, et qu'une lime est rêche que le feu brûle, que la glace est froide, que les pierres font dures et les lits mous; car je l'ai fenti.

Je fais qu'une rofe a une odeur agréable, et que le fumier est puant; car mon odorat a éprouvé ces fenfations.

Je fais que le fucre est doux et l'abfynthe amère; car j'ai gouté l'un et l'autre.

Je

Je me rappèle ce que j'appris hier dans ma leçon, et comment tout est arrangé dans ma chambre.

Ce n'est ni ma main, ni mon pied, ni même ma tête qui font, que je puis me rappèler toutes ces chofes. Cela vient de mon ame, qui ne meurt point lorsque le corps cesse de vivre.

V.

DE LA SANTÉ.

Lorsque toutes les parties du corps font dans l'état où elles doivent être naturellement, l'homme fe porte bien, et on nomme cela l'état de fanté. Le corps fe nourrit en mangeant et en buvant, et il fe conferve, par l'alternative du mouvement et du repos. Le meilleur mouvement c'est le travail, et le fommeil est le meilleur repos. Mais je puis ausfi tomber malade, en me livrant à la colère, et à la méchanceté; ou en fautant trop; ou en me réjouisfant avec excès; ou en mangeant fans ordre et fans méfure; ou en buvant lorsque

je

je me sens échauffé : en m'accoutumant à
prendre du caffé, du thé, et à boire du
vin ; ou en dormant trop, ou trop peu ;
ou en négligeant la propreté ; ou en tom-
bant et me cognant ; car on peut par là se
briser quelqu'os, et se disloquer quelque
membre. Je puis aussi me faire grand mal
en me refroidissant après m'être fort échauffé. Voilà plusieurs choses dont je veux me
garder avec soin.

J'ai déjà été malade plus d'une fois.

Les maladies les plus ordinaires qui atta-
quent l'homme sont : la gale, la petite vé-
role, le flux de ventre ; la fièvre, la coli-
que, la disfenterie, le rhûme du cerveau
ou de la poitrine, la phthisie, la constipation.

Certaines personnes ont les défauts na-
turels du corps. Il y en a qui ont une
bosse, un goëtre ou quelqu'autre excrois-
sance D'autres sont boiteux on manchots.
D'autres encore sont aveugles, ou borgnes,
ou louches. Enfin il y en a qui sont sourds ;
ou muets, ou bègues.

Je me garderai bien de mépriser ceux
qui n'ont pas le corps bien constitué.

Je

Je ne dois pas oublier que c'est un malheur ; et non un crime ; et que l'état
malheureux de ces hommes, mes frères,
mérite ma plus tendre compassion.

VI.

IDÉE DE L'UNIVERS.

Création du Monde.

Le Monde, c'est le ciel et la terre, et
tout ce que le ciel et la terre contien-
nent. Le Monde a eu un commencement
Dieu feul, qui a fait le Monde, n'en a
point eu.

Avant que le monde fût, il n'y avoit ni
ciel, ni terre, ni aucun lieu: il n'y avoit
rien nulle part. Il n'y avoit que Dieu
feul, éternel, tout puiffant, Créateur et
fouverain de toutes chofes, qui étant heureux et content de lui même, à fait par
fa feule parole quand il lui a plu, le ciel
la terre, la mer, et tout ce qui y est ren-
fer-

fermé: les choses visibles et invisibles, les corps et les esprits, les anges et les hommes.

Dieu pouvoit bien faire le monde dans un seul instant; mais il lui a plu de distinguer et de partager son ouvrage en six jours.

Beauté et variété du monde.

Le premier prédicateur qui annonce la gloire du Dieu Souverain, c'est le firmament, où brillent avec tant d'éclat le soleil, la lune et les étoiles.

Que peut on voir en effet de plus beau et de plus utile, que le soleil qui éclaire pendant le jour, et que la lune et les autres astres, qui luisent au ciel pendant la nuit pour éclairer les ténèbres?

Que les espaces de l'air sont grands; qu'ils sont immenses! C'est là qu'on voit briller tant de feux: c'est là, que les nuées sont poussées et agitées au gré des vents. De ces nuées se forment les éclairs, les tonnerres et les foudres, les neiges et les grêles, les pluies et les orages.

La

La diverſité qui ſe trouve ſur la terre, préſente aux yeux un agréable ſpectacle. Ici, on voit des montagnes et des collines revêtues de forêts et d'arbres: là, des vallons charmans, par les prairies qu'on y voit, et par les ruiſſeaux qui les arroſent. D'un côté ce ſont des champs et des terres bonnes pour y ſemer du bled: d'un autre, s'élèvent des rochers escarpés. En certains endroits, ce ſont des foſſés et des ouvertures qui s'affaiſſent: en d'autres des mines et des carrières.

Mais cette idée de la grandeur de Dieu, accroîtra à meſure que nous contemplons ſes ouvrages. Dès que la ſombre nuit étend ſon voile ſur notre terre, le firmament étale à nos yeux ſa grandeur. Les points étincelans que nous y découvrons, et que nous nommons étoiles, ſont des *Soleils*, que le tout puiſſant a ſuspendu dans l'eſpace, pour éclairer et échauffer les Planétes qui roulent autour d'eux: tout comme notre Soleil éclaire et échauffe celles que nous nommerons ci-desſous.

Si je conſidère à préſent que tous ces corps

corps et des millions d'autres, invisibles à mes yeux, ont été créés par la toute puissance de Dieu; qu'ils sont entretenus et dirigés par sa sagesse; je tremble à l'idée d'un être si majestueux; mais quand je considère de plus, que ce Dieu si grand veut du bien à ceux qui l'aiment et qui lui obéissent; qu'il veut être leur père; j'aime de tout mon cœur ce bon Père céleste, et je tâcherai toujours de lui obéir, afin de me rendre digne de ses bontés.

VII.

DU CIEL.

Le Soleil ne sert pas seulement à donner de la lumière et de la chaleur à notre terre; mais il en fait de même à plusieurs autres globes, qui aussi bien que notre terre, tournent autour du soleil.

On connoît à présent plusieurs de ces globes qu'on nomme Planètes, entr'autres Mercure, Vénus, la Terre, Mars, Jupiter, Saturne et Uranus; et probablement il y a un plus grand nombre.

Quelques-unes de ces Planètes, ont des

C   Lu-

Lunes, comme la nôtre: Jupiter en a quatre, Saturne fept, Uranus fix Toutes
ces Planètes, . de même que la lune, et
peut-être le foleil, font vraifemblablement
la demeure de créatures vivantes et raifonnables;
car on découvre fur la furface de ces
globes, les mêmes phénomènes que fur notre terre: qui est-ce qui empêcheroit à la
toute puiffance du Créateur d'y mettre des
êtres? et s'il y en a, fa fageffe a pourvu à
leurs befoins, et fa bonté leur a furement
procuré les moyens d'être heureux.

VIII.

DE LA TERRE.

Je vis fur la terre, ainfi que les autres
hommes, dont le nombre est très grand.
Il s'y trouve encore une infinité d'autres
chofes, des pierres, l'air, le feu et l'eau.
Une grande partie de la terre est couverte
d'eau, et c'est-ce qu'on nomme la mer. On
vogue fur la mer dans de grands navires. L'eau
de la mer est falée L'eau douce fort de
la terre en plufieurs endroits Elle forme
d'abord des ruiffeaux, enfuite des rivières

et

et des fleuves, et ceux-ci se jettent tous dans la mer. Une grande partie de l'eau s'évèle en vapeurs dans l'air, et retombe ensuite sur la terre en forme de pluie, de neige, de rosée, de bruine ou de grêle. Sans eau et sans air l'homme ne sauroit vivre.

La terre est grande, mais le soleil et quelques étoiles le sont encore davantage.

On a divisé la terre en cinq grands continens, qui se nomment: l'Europe, l'Asie, l'Afrique, l'Amérique, et la nouvelle Hollande. On nomme cela les cinq parties du monde. Quant à moi, je vis en Europe. Bien d'autres hommes y vivent comme moi, et habitent des pays des villes et des villages. Le pays où je vis se nomme la Hollande ou les sept departemens. Les autres principaux pays de l'Europe sont: le Portugal, l'Espagne, la France, l'Angleterre, l'Allemagne, la Suisse, l'Italie, le Danemarc, la Norvège, la Suède, la Prusse, la Pologne, la Hongrie, la Russie et la Turquie.

IX.

IX.

DES ANIMAUX.

Les animaux n'ont point d'ame raifonnable comme les hommes; mais ils vivent, ils croisfent et ils ont des membres qu'ils peuvent mouvoir à leur volonté. La plûpart ont cinq fens, comme nous, et font fusceptibles de douleur et de plaifir.

Je connois fix expèces d'animaux.

1) Les quadrupèdes, ou animaux à quatre pieds.

2) Les oifeaux, qui ont deux pieds et qui volent dans l'air.

3) Les poisfons qui nagent dans l'eau.

4) Les amphibies, qui peuvent vivre également dans l'air et dans l'eau.

5) Les Infectes.

6) Les reptiles, qui rampent.

Parmi les quadrupèdes, il y a entr'autres: l'âne paresfeux, le bœuf laborieux, la brebis imbécille, le cheval docile, la chèvre grimpeufe, le chien fidèle, le cochon malpropre, le daim agile, le grand éléphant, l'écureuil fringant, la belette au corps mince, la gazelle légère, le lapin ti-
mi-

mide, le lion magnanime, le loup cruel, l'ours vélu, le singe grimacier, la souris rongeuse, la taupe qui vit sous terre, &c.

Je sais caractériser aussi quelques oiseaux, l'aigle vorace, la bécasse qui aime les marais, la caille délicate, le canard nageur, la cigogne au long bec; le cigne blanc, le coq vigilant, la corneille croäsfante, la grive gourmande, le hibou ennemi du jour, l'hirondelle-gobe-mouche: le merle jaseur, l'oie balourde, le paon orgueilleux, la pie babillarde, le tendre pigeon, la poule utile, le rosfignol chantant, le serin sifflant, &c.

Il y a des oiseaux qui ne demeurent parmi nous qu'une partie de l'année. On les nomme oiseaux de pasfage.

Voici les noms de quelques poisfons, l'anguille, la baleine, la brême, le brochet, la carpe, l'éturgeon, le goujon, le hareng, la perche, le saumon, la sole, le turbot, le merlan, le brochet, &c.

Les amphibies que je connois, font: le crapaud, la grenouille, le lézard, le serpent et la tortue.

En fait d'insectes je connois l'abeille,

l'a-

l'araignée, le bourdon, le coufin, la démoi-
felle, la fourmi, le fourmillon. le grillon,
la guêpe, le hanneton, la mite, la mouche,
le moucheron, le papillon, le perce-oreille,
le pou, la puce, la punaife, la fauterelle,
la tigne, le ver à foie

Les infectes fe transforment. Un papillon a d'abord été chenille; une mouche a
été ver.

Du nombre des reptiles font : le ver de
terre, la fangfue, tous les limaçons, et
tous les animaux testacés. Outre cela les
corps des hommes et des animaux contien-
nent fouvent des vers, entr'autres le foli-
taire, qui est d'une longueur prodigieufe,
et le petit ver intestinal.

X.

DES PLANTES.

Les plantes proviennent de la femence.
L'homme creufe et retourne la terre avec
une bêche ou une charrue; enfuite il y ré-
pand la femence, et la recouvre. Dieu ar-
rofe après cela cette femence, par la pluie qui

tom-

tombe du ciel, et qui réchauffe la terre par les rayons du foleil. Cela fait germer la femence, qui enfuite prend racine et pousfe des tiges plus ou moins fortes, ou des troncs avec des branches. Les branches portent des feuilles, des boutons, des fleurs, des fruits et des graines. Toutes les plantes reproduifent leur propre femence.

Il y a des plantes que l'on nomme arbres; d'autres abrisfeaux; d'autres légumes; d'autres herbes; et d'autres enfin mousfes.

Tous les arbres portent des fruits; mais on ne nomme arbres frūitiers que ceux qui portent des fruits mangeables pour l'homme; tels que les pommiers, les poiriers, les abricotiers, les pêchers, les orangers, les citronniers, les figuiers, les cérifiers, les amandiers, les noyers, les pruniers et les coignasfiers. Quant aux autres, on n'en emploie que le bois; tels font le bouleau, le chêne, le frêne, le pin, le fapin, le tilleul, le peuplier, le faule, l'orme.

Les clous de girofle, les noix mufcade, et le café font également des fruits d'ar-

bres

bres particuliers. Mais le fucre fe fait de la moelle de la canne à fucre. La canelle eft l'écorce de certain arbre.

Il y a plufieurs arbustes qui portent des fruits mangeabl s; comme le grofeiller et le framboifier Il y a encore les mûres fauvages et les baies du myrtille et du géné-vrier.

Le coton eft la production d'un arbuste: et les feuilles féchées d'un autre arbuste; font, ce que nous nommons du thé.

Voici le nom de quelques herbages: la menthe, le perfil, le cerfeuil, la laitue, le chou, l'armoife, l'herbe commune, la marjolaine, le thim, la mélife, le cres-fon, la rûe, le rômarin, la fauge, l'épi-nard, l'abfynthe, le tabac.

En fait de grains et de légumes il y a: le feigle, le froment, l'orge, l'avoine, le ris, le millet, les lentilles, les fêves, les pois, les vesces, les concombres, la ci-trouille, les asperges, le lin, le chanvre. La toile fe fait de la tige du lin; et la ficelle et les cordes de celle du chanvre

Il y a ausfi des racines mangeables telles

font:

font: les navets, les carottes, les patates, la rave, le raifort, le selleri, &c.

Les fleurs les plus connues dans nos climats, sont: le perce-neige, la violette, l'hyacinte, la narcisse, l'amaranthe, la tulipe, la renoncule, le muguet, la marguerite, le lis, la rose, l'œillet, la girandole, la giroflée, la consoude, la camomille, le bluet, le souci, le tourne-sol, &c.

X.

DES PIERRES ET AUTRES CHOSES CONTENUES DANS LE SEIN DE LA TERRE.

Il y a plusieurs espèces de terre: la terre labourable, la terre glaise, se sable, l'argile, la craie, &c.

Il y a aussi bien des espèces de pierres. Quelques unes se nomment pierres précieuses, parcequ'elles sont brillantes et rares, comme le diamant. D'autres sont plus communes, comme le caillou, la pierre de roche, la pierre à feu, la pierre à chaux, dont on fait la chaux, le marbre, l'abâtre,

 la

a pierre de fable, qui fert à aguifer les inftrumens de fer, et l'ardoife fur laquelle on
peut écrire. En fondant des pierres et du
fable par le moyen du feu, on fait du verre.

On tire les métaux du fein de la terre,
avec une peine infinie; tels font le fer, le
plomb, l'argent, le cuivre, l'étain. On en
tire ausfi le fe., le fouffre et la houille.

XII.

DE L'ASSISTANCE MUTUELLE DES HOMMES.

Les befoins communs à tous les hommes
font la nourriture, le vêtement et le logement.

Bien des hommes travaillent journellement
pour me fournir toutes ces chofes. Par
exemple, ceux qui travaillent pour ma nourriture font: le cultivateur, le meûnier le
boulanger, le boucher, le pêcheur, le jardinier, le brasfeur, l'ouvrier en fel et en fucre.

Pour mon vêtement, il me faut le travail
du drapier, du tisferand, du tanneur, du

mégissier, du pelletier, du tailleur, du cordonnier, du chapelier, du faiseur de bas, du ceinturonnier, de la couturière, de la blanchisseuse, du savonnier, du vergettier, du faiseur de peignes.

Ceux qui travaillent pour mon logement sont, l'ouvrier dans les carrières, le chaufournier, le faiseur de briques, le couvreur, le manœuvre, le serrurier, le vitrier, le ménuisier, le pottier, le ramonneur.

Outre cela il faut pour l'ameublement: l'assistance du pottier d'étain, du chaudronnier, du cloutier, du ferblantier, du tonnelier, du tourneur, du charron, du vannier, du cordier, du corroyeur, du sellier, du papetier, du relieur, du fendeur de bois, du journalier, &c.

Outre cela mes précepteurs ont soin de mon instruction: les magistrats et le militaire veillent à ma sureté, le médecin et l'apoticaire à ma santé.

Puisque je sais que tant d'hommes travaillent pour moi, et s'empressent pour mon bien-être; il est bien juste, que j'aime tous les hommes comme mes frères et mes amis.

Pour le préfent ce font mes parens à qui je dois le plus. Car ce font eux qui me fourniffent la nourriture, qui me procurent des vêtemens, et qui me logent. Ils ont foin de me préferver de tout mal; car ils favent mieux que moi ce qui m'est avantageux ou nuifible. Ils me donnent auffi de bons préceptes, et ils me font inftruire; parcequ'ils défirent que je fois un jour, fage, habile, pieux et par conféquent heureux. Tant que je vivrai, j'aurai la plus vive reconnoiffance des bienfaits fans nombre dont mes parens me comblent.

XIII.

DU TEMS.

Le foleil s'est levé ce matin et il fe levera de même demain matin. Le tems qui s'écoule depuis un lever du foleil jusqu'à l'autre, fe nomme un jour. Ce laps de tems fe divife en vingt quatre heures. On compte auffi le jour depuis minuit jusqu'au retour de minuit.

Sept

Sept jours font ce qu'on nomme une semaine. Voici les noms de chacun de ces jours: Dimanche, Lundi, Mardi, Mercredi, Jeudi, Vendredi, Samedi. Trente, ou bien trente et un jours, font un mois, et il y a douze mois dans l'année, lesquels se nomment: Janvier, Février, Mars, Avril, Mai, Juin, Juillet, Août, Septembre, Octobre, Novembre et Décembre.

L'année se divise aussi en quatre saisons: savoir le Printems, l'Eté, l'Automne, l'Hiver. Chaque saison dure environ trois mois.

J'ai dejà vécu quelques années dans ce monde, lequel a existé un trés-grand nombre d'années, avant que j'y fusse; et il a existé également une multitude innombrable d'hommes dans ce monde, avant moi et avant tous ceux qui y font à préfent.

XIV.

POUR EXERCER LA FACULTÉ DE JUGER.

Mes enfans je vais vous faire lire des propositions, pour exercer votre jugement.

C 7   Ceux

Ceux qui jugeront qu'une propofition est vraie, leveront la main: ceux qui la jugeront fausfe ne feront aucun mouvement; et ceux qui auront des doutes à de fujet, avanceront le bras droit. Faites attention.

La couleur du lait est noire.

Un bon moyen pour prendre des moineaux, c'est de leur jeter du fel fur la queue.

Il est posfible, que dans ce moment quelqu'un entre dans cette chambre.

Il est certain que nous mourrons tous aujourd'hui.

Tous les enfans font diligens.

Tout enfant doit vouloir être diligent et aimable.

Il y a asfurément plus de cent créatures humaines dans le monde.

Tout ce qui flatte le goût, n'est pas toujours utile à la fanté.

Les enfans qui ne font pas attention n'apprendront pas grand chofe.

Une maifon est plus haute qu'une tour.

La fanté est préférable à l'argent.

Un pauvre peut-être plus heureux qu'un riche.

Les

Les oiseaux croisfent fur les arbres.

Perfonne ne fauroit vivre fans l'asfistance des autres hommes.

Sept est moins que cinq.

Dieu fait du bien à tous les hommes.

Quatre yeux voyent plus que deux.

Un aveugle est plus malheureux qu'un fourd.

Il n'y a rien au monde qui ne foit bon à quelque chofe.

Il faut fe bien conduire, pour être aimé de fes femblables.

Tout ce qui est utile, n'est pas toujours agréable pour le moment actuel.

Nous ne cesfons pas de vivre en dormant.

Il y a plus de bien que de mal dans le monde.

Ce feroit une bonne chofe fi, au lieu d'eau, nous n'avions que du vin.

Les hommes faits font plus fages que les enfans.

L'amour des parens envers les enfans est extraordinaire.

C'est une action très-condamnable, que de prendre fecrètement ce qui ne nous ap-

appartient pas, quand même ce ne seroient
que des friandises.

XV.

EXERCICE DE LA FACULTÉ DE COMPARER ET DE DISCERNER.

Comparer, c'est examiner ce que deux
objets ont de semblable. Discerner, c'est
examiner ce que deux objets ont de different.

Voyons par exemple, en quoi les hommes et les animaux se ressemblent.

L'homme est doué de vie, l'animal aussi.
L'homme se meut; — l'homme se nourrit; —
l'homme prend de l'accroissement; — l'homme a des sens; l'homme est sujet à la mort; —
— L'homme est une créature; — l'homme
habite la terre; — l'homme est visible; —
l'homme peut se blesser; — l'homme est
palpable; — l'homme respire. Il en est
ainsi des animaux.

Mais en quoi l'homme et les animaux
different-ils.

L'homme est doué de raison et capable
de penser; l'animal est privé de ses facultés.
L'hom-

L'homme parle; — il marche toujours sur deux pieds; — il sait lire; — il peut augmenter son savoir. Les animaux sont incapables d'apprendre toutes ces choses.

Voyons lequel d'entre vous saura trouver ces ressemblances et les différences des objets que je vais indiquer: de la table et de l'escabeau; — d'un chapeau et d'un bonnet; — d'une porte et d'une fenêtre; — d'un oiseau et d'un poisson, &c.

Je sais encore discerner bien d'autres choses. Voici une ligne droite: ——— en voici une courbe: Voici un rond:

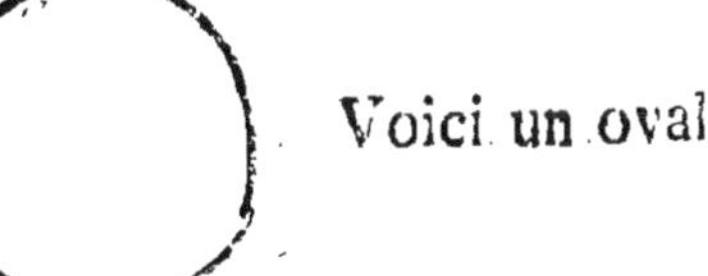

Voici un ovale: Ceci est triangulaire:

et ceci quarré: Ces deux lignes sont également éloignées l'une de l'autre dans toute leur longeur: c'est ce qu'on nomme lignes parallèles. Voici une ligne perpendiculaire ou verticale: | Celle-ci est horizontale. ——— Cette ligne est

est oblique; ———— Y a t-il quelqu'un de vous qui sache me nommer encore quelque chose de quarré, ou de rond? &c.

XVI.

ÉNIGMES.

1) Il y avoit huit moineaux sur un arbre. Un chasseur tira dessus, et en abattit trois; Combien en resta-t-il sur l'arbre?

2) Où est l'homme qui est né et qui n'est pas mort?

3) Quel est l'homme le plus riche de ce monde?

4) Quel est celui que Dieu ne voit jamais; qu'un Roi voit rarement; et que le paysan voit tous les jours?

5) Qu'est-ce qui est pire que le mal même.

6) Je l'eus autrefois: mais je ne l'ai plus à présent; aussi je ne le voudrois pas; mais si je l'avois, je ne voudrois pas le vendre pour tout l'or du monde.

7) J'avertis les gens du danger.
Et nul ne pense à m'outrager.

Je

Je suis très-dur de ma nature,
Et de ceux qui m'ont entendu,
Tel a été à la torture
Lorsque j'étois déjà pendu.

8) Sans vivre je fais vivre, je suis aimé de tous.
D'aucun amour pourtant je ne suis suscep-
tible;
Je suis utile au sage et contente les fous,
Je corromps les esprits et suis incorrup-
tible.

9) Joliette,   De ma loge,
Rondelette,   Me déloge,
C'est aux champs,   Quelque fois,
Qu'on me cueille,   De mon bois,
Et ma feuille,   Retirée,
Aux pasfans,   Et sucrée,
Sert d'ombrage,   Je parois,
Heureux l'âge,   Bien Blanchette,
Où la deux,   De grisette,
Aisément,   Que j'étois.

10) Je viens sans qu'on y pense,
Je meurs en ma naissance,
Et celui qui me suit,
Ne vient jamais sans bruit.

11)

11) Je fuis un foible corps. fans tête, pieds
ni mains,
Et je fuis toutefois à chacun néceffaire:
J'accompagne au tombeau le moindre des
humains,
Et retourne avec lui dans le fein de ma
mère.

12) Celui qui me dispofe et qui me rend par-
fait,
Me revend à quelqu'autre et prend le
gain pour foi.
Et ce maître nouveau, pour un autre
m'achete;
Car il craint plus que tout de fe fervir
de moi

13) Avec facilité tout à coup j'obfcurcis.
La chofe la plus claire et la moins incon-
nuë;
Mais en l'obfcurcisfant toujours je l'é-
claircis,
Et l'augmente toujours quand je la dimi-
nuë.

14) Mon premier appartient à une maifon,
mon fecond est ce qui appartient à l'arbre,
et mon tout enfemble est une chofe, dont
on fe fert fouvent?

15) Mon premier fe fauche, mon fecond et
ma troifième fe lavent, et mon enfemble fe lit.

16)

16) En ôtant ma tête, je fuis l'élément du commerce, en la confervant je fuis le vêtement le plus naturel, et cependant le plus varié felon les climats, et la clasfe des êtres. Une feule confonne entre dans la compofition du tout.

17) Je fuis un mot de trois fyllabes qui commence par une voyelle, et les deux dernières fyllabes, fans la première lettre, font le contraire de *rendre*.

18) Mon premier est le premier de fon espèce. Mon fecond n'a point de fecond. Comment puis-je vous dire mon tout?

19) Tous les jours l'on ne me fait
    Que pour bientôt me défaire;
    Et défait, je ne puis plaire,
    Qu'autant que je fuis refait.

20) Un cheval a befoin de mon premier pour porter fa charge, et mon tout est lui-même toujours porté par mon fecond.

21) Au printems, cher Lecteur, tu manges
        mon premier;
Pour te laver les mains ufes de mon
        dernier
D'entrer où est mon tout s'il te prenoit
        envie,
                Prens

Prends garde: bien des gens y ont perdu
la vie.

22) Nous fommes quatre enfans d'une même
famille,

Et nous nous passons de nos sœurs;
A notre tête est la troisième fille,
Et notre ainée a le second honneur.
Celle qui de nous quatre a la taille plus
grande,

A la troisième place à soumis la fierté;
Et par distinction la dernière demande
Un petit ornement fur fon chef ajouté.
Nous composons un tout. Mettez vous
à fa quête,

Et fi vous le trouvez, demandez le d'a-
bord;

Pour vous guérir du mal de tête,
Que vous aura caufé peut-être cet effort.

23) Je caufe aux mortels bien des maux.
A ma tête est un des métaux,
Avec mes cinq lettres premières.
Je rends des fons mélodieux;
Et qui n'a pas les trois dernières,
Ne peut fe fervir de fes yeux.

24) Je fuis le capitaine de vingt quatre
foldats, et fans moi Paris est pris.

25)

25) Un bon vieux père a douze enfans,
    Ces douze en ont plus de trois cens,
    Ces trois cens en ont plus de mille:
    Ceux ci font blancs, ceux la font noirs.
    Et par de mutuels devoirs,
    Un repos éternel dure en cette famille.

1) *Pas un seul.* 2) *Nous tous.* 3) *Celui qui est content de ce qu'il a.* 4) *Son égal.* 5) *L'impatience à le supporter.* 6) *Une tête chauve.* 7) *Une cloche.* 8) *L'argent.* 9) *Une noisette.* 10) *L'éclair.* 11) *La chemise.* 12) *Le cercueil.* 13) *Les mouchettes.* 14) *Le portefeuille.* 15) *La préface.* 16) *La peau.* 17) *Apprendre.* 18) *Adieu.* 19) *Le lit.* 20) *Le bateau.* 21) *Le poisson.* 22) *Le café.* 23) *Orgueil on y trouve, or, orgue et eil ou œil.* 24) La lettre *A.* 25) *L'an.*

XVII.

XVII.

PIECES EN VERS.

Dieu fait tout ce qu'il veut, et tout ce qu'il veut est juste.

1 Le suprême Artifan d'une main qui fe joue.
 Fait cent vafes divers de la même boue;
 Et comme Créateur, par de fecrèts resforts,
 Règle les qualités des ames et des corps.
 Mille états différens, dans une même
 esfence,
 Partagent des mortels l'inégale naisfance,
 L'un fur un trone d'or, règne dans l'univers;
 L'autre fouffre et gemit fous le poids de
 fes fers.
 L'un est beau, plein d'ardeur, et fort dans
 fa vieillesfe;
 L'autre est difforme, foible et vieux dans
 fa jeunesfe.
 L'un pénètre les arts par un feu vif et pur;
 L'autre, lent et stupide, y trouve tout
 obfcur
 Ainfi les traits divers d'une forme femblable
 Dis-

Distinguent les tableaux de ce Peintre ado-
rable

Qui pourroit cependant accuſer ſes deſſeins

Dans l'Inégalité des œuvres de ſes mains ?

Tous ſavent qu'il eſt Dieu, que ſon pouvoir
auguſte

Faiſant tout ce qu'il veut, ne fait rien que de
juſte ;

Et que dans ſes décrèts ſa haute Majeſté

Peut bien choquer nos ſens, mais non pas
l'équité.

Sur la paſſion du jeu.

2. Les plaiſirs ſont amers ſitôt qu'on en abuſe.

Il eſt bon de jouer un peu ;

Mais il faut ſeulement que le jeu nous amuſe,

Un joueur d'un commun aveu

N'a rien d'humain que l'apparence ;

Et d'ailleurs il n'eſt pas ſi facile qu'on penſe,

D'être fort honnête homme et de jouer gros
jeu :

Le déſir de gagner, qui nuit et jour occupe,

Est un dangereux aiguillon.

Souvent, quoique l'eſprit, quoique le cœur
ſoit bon,

On commence par être dupe ;

On finit par être fripon.

D   La

La Mort rend tous les hommes égaux.

3 Je songeois cette nuit que de mal consumé,
Côte à côte d'un pauvre on m'avoit inhumé,
Et que n'en pouvant pas souffrir le voisinage,
En mort de qualité, je lui tins ce langage:
Retire-toi doquin! vas pourrir loin d'ici:
Il ne t'appartient pas de m'approcher ainsi.
Coquin! ce me dit-il, d'une arrogance ex-
     trême.
Vas chercher tes coquins ailleurs, coquin
    toi-même!
Ici tous sont égaux; je ne te dois plus rien;
Je suis sur mon fumier comme toi sur le tien.

Le Géomètre.

4 L'homme à l'égard de soi n'est-il pas misé-
    rable
Et son fort n'est-il pas un fort à déplorer?
Il mesure le tour de la terre habitable,
Et tout petit qu'il est, ne peut se mesurer.

Contre Périandre.

5 Faubru le père des bons mots,
L'éternel ennemi des sots,
Où l'on vend les chevaux, disoit à Périandre:
Monsieur! fuyez l'abord de tous ces maqui-
    gnons,
       As-

Asſurément ces compagnons,
Ne manqueroient pas de vous vendre.

Contre Simon.

6. Simon roule en carosſe; ô l'étrange animal
  Plus que ſes deux chevaux, ce gros homme
                                      est cheval;
    Et pourtant il n'est pas ſi rosſe.
  Si l'équité regnoit, les chevaux de Simon
    Devroient être dans le carosſe.
  Et ce gros animal devroit être au timon.

Jean et ſon cheval.

7. Sur ſon cheval Jean ſe ruoit,
  Contre Jean le cheval ruoi•,
  Et tous deux écumoient de rage:
  Mathurin, qui pour lors pasſoit,
  Dit à l'homme, qu'il connoisſoit:
  Eh! Jean, montrez vous le plus ſage.

Manque de parole.

8. Ce que tu m'as promis, Grégoire,
  Tu ne le tiens aucunement:
  Avant que de promettre il faut du jugement,
  Et quand on a promis, il faut de la mémoire.